秋のおやつ＊もくじ

なんでも知ってる ねこ先生　身近な材料を使って、作りやすい分量で作れます。しあげやもりつけは、おこのみでアレンジすると楽しいね。

知りたがりやの うさぎさん　ねこ先生が、おいしくしあがるコツをしっかり教えてくれます。わたしたち「おやつ作り隊」の隊員もお手伝いします。

日本のおやつ

- どらやき　焼く＊30分…6
- ●みたらしだんご　蒸す＊25分…8
  - ●みたらしあん　煮る＊8分…9
- おはぎ　まるめる＊20分…10
- うきしま　蒸す＊30分…12
  - 2色うきしま　蒸す＊35分…13
- 生八つ橋　蒸す＊20分…14
- ●べっこうあめ　煮とかす＊20分…16
- スイートポテト　まぜる＊30分…18
  - ●いもようかん　かためる＊30分…19
- 五平もち　焼く＊30分…20

おやつの準備をしよう

- おやつを作る前に読みましょう…3
- 南蛮菓子ってなあに？…34
- 手作りカッテージチーズ…46
- ホエードリンク…46

段取りじょうずな わにくん

世界のおやつ

- マドレーヌ　焼く＊30分…22
- ●パッリーナ　まるめる＊20分…24
- ●ポテトチップスと野菜チップス　あげる＊30分…26
- スィールニキ　焼く＊20分…28
- カルターフント　かためる＊30分…30
- パステイスデナタ　焼く＊30分…32
- アロスコンレチェ　煮る＊30分…35

チャレンジ 本格おやつ

- ●うさぎまんじゅう　蒸す＊35分…36
- おやき　蒸し焼き＊40分…38
- がんづき　蒸す＊40分…40
- ブラウニー　焼く＊35分…42
- セルニック　焼く＊50分…44

研究熱心なりすくん　おやつにまつわるいろいろなお話も楽しいよ。

なにから作ろうかしら　お味見大すきなこぶたちゃん

＊アレルギーのもとになる食材のうち、表示義務のある「特定原材料」えび、かに、小麦、そば、卵、乳、落花生の7品目を使っていないものに●マークをつけました。参考にしてください。

＊クッキングタイムはだいたいの目安です。作業のしかたで多少変わります。

おやつを作る前に読みましょう

大切なことが書いてあるよ。かならず読んでね。

終わったら、あとかたづけも忘れずにね。

おやつ作りの進め方

1. **作り方をひととおり読んでおきます。**
   はじめる前に作り方の手順を頭に入れておくと、作業を進めやすくなります。

2. **身じたくをしましょう。**
   髪の毛が長い人は結び、つめがのびていたら切ります。せっけんで手を洗い、エプロンをつけましょう。

3. **使う道具と材料をそろえましょう。**
   作っているとちゅうであわてないように、必要な道具はあらかじめそろえておきます。

4. **材料を正確にはかりましょう。**
   とくに外国のお菓子は、材料を正確にはからないと、じょうずにしあがらないことがあります。

g＝グラム　mL＝ミリリットルと読みます。mLとccは同じです。

🌰 材料のはかり方

* **計量スプーン**…大さじ1は15mL、小さじ1は5mLです。

多めにすくい、よぶんなところをへらで落とします。 → これが大さじ1

半分のところをかきだします。 → これが大さじ1/2

液体は表面がふくらむくらいまで入れます。

* **計量カップ**…1カップは200mLです。

平らなところにおいて、めもりの位置と目の高さを同じにしてはかります。

* **はかり**

からのボウルをのせて、めもりをゼロにして材料をはかります。ゼロにできない場合は、ボウルの重さをはかって、それに分量の重さを足してはかります。

* **ひとつまみ**…親指、人さし指、中指の3本の指の先でつまみます。

🌰 この本によく出てくる用語

* **室温におく**
  冷蔵庫から出して部屋においておくこと。あたたかい季節のときは20〜30分前に、寒い季節のときは40〜50分前に出しましょう。

* **粗熱をとる**
  手でさわれるようになるまで温度を下げること。

* **あわだてる**
  生クリームや卵を、あわだて器を使って、空気をふくませるようにまぜ、ふんわりさせること。ボウルに油分や水がついているとあわだちが悪くなるので、きれいなものを使います。

* **湯せんにかける**
  生地やクリームの入ったボウルの底を、お湯の入ったボウルやなべにつけて温めること。

* **打ち粉をふる**
  生地をあつかうとき、くっつかないように台やバットなどに粉をふること。

* **お湯の温度**
  （この本では以下の温度を目安にしています）
  ぬるま湯／30〜35度くらい。ぬるめの人肌くらいの温度です。
  お湯／50〜60度。ふっとうしたお湯に同じ量の水を加えるとだいたいこの温度になります。
  熱湯／ふっとう直前のもので、80度くらいです。

この本でよく使われる道具

* **まな板**
フルーツなどを切るときに使います。

* **包丁**
おさえる方の手は、指先をかるく内側にまるめておさえます。

* **なべ**
牛乳や水を温めたり、さとうを加熱してカラメルを作るときなどに使います。

* **計量カップ**
おもに液体をはかるときに使います。200mLのほかに300mLや500mLはかれるものもあります。

* **ボウル**
直径20cmぐらいのものを中心に大、中、小のサイズがあると便利です。

* **耐熱ボウル**
熱に強いボウルで、電子レンジで加熱するときに使用できます。

* **バット**
材料や生地を入れておくときに使います。

* **はかり**
1g単位ではかれるデジタルタイプが便利です。

* **計量スプーン**
大さじは15mL、小さじは5mLです。ほかに10mLや2.5mLのものもあります。

* **こし器・茶こし**
粉をふるったり裏ごししたりするときに使います。

* **あわだて器**
卵をあわだてたり、材料をまぜたりするときに使います。

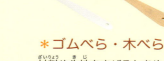
* **ゴムべら・木べら**
材料や生地をまぜるときや、取りだすときに使います。木べらは加熱しながらまぜるときに使います。

ゴムべらはシリコンでできているものが使いやすいです。

* **めんぼう**
生地を平らにのばすときに使います。

* **はけ**
牛乳などをぬってつやをだすときや、スポンジ生地にシロップをしみこませるときなどに使います。

* **カード**
生地を平らにしたり、取りだしたり、切りわけたりするときに使います。

* **オーブン用シート**
型や天板にしいて使います。生地がくっつくのをふせぎます。

* **しぼりだし袋と口金**
クリームや生地をしぼりだすときに使います。口金は、よく使う1cmの丸型があると便利です。

* **ハンドミキサー**
電動のあわだて器です。たくさんの量を作るときに、早くあわだてることができます。

* **流し型**
生地を流しいれて、蒸したり、冷やしかためたりするときに使います。

* **焼き型**
生地を入れてオーブンで焼くときに使います。

* **ぬき型**
クッキーの生地をぬくときに使います。いろいろな形があります。

こんなものも使えるよ。
型の代わりに、あき缶や牛乳パックなども使えます。
（牛乳パックは加熱するものには不向きです。）

この本でよく使われる材料

＊生クリーム
動物性の乳脂肪分35％以上のものを使いましょう。あわだてるときは、冷蔵庫でよく冷やしたものを使い、ボウルの底を氷水にあてながら作業をします。

＊バター
バターには塩が入っている有塩バターと、入っていない無塩バターがあります。お菓子作りでは無塩バターを使います。この本でバターと書いてあるときは、無塩バターをさします。

＊卵
新鮮な卵を使いましょう。この本ではM玉（50〜60g）を使っています。

＊天然色素
色をつけるときに使う食用色素で、植物から作られています。イメージの色になるまで、少量ずつ加えてようすをみます。

＊さとう
上白糖は、一般的によく使われているさとうで、あまみが強いのが特長です。グラニュー糖は、すっきりしたあまさで洋菓子によく使われます。食感をかるくしたいときに使う粉ざとう、ミネラルやたんぱく質が豊富な黒ざとうやきびざとう、てんさい糖などがあります。できあがりの色を気にしないときは、きびざとうやてんさい糖がおすすめです。

加熱する道具の使い方

＊オーブン
この本の焼き時間と温度は、ガスオーブンを使用したときの目安です。オーブンは機種によって焼きあがりがちがうので、うまく焼けないときは、温度設定を変えてみます。電気オーブンの場合は、10度ほど高く設定してみましょう。

＊ガスコンロ
カラメルを作ったり、生地をねったりと、おやつ作りではガスコンロをよく使います。

弱火
コンロの火がなべの底にあたらないくらいの状態です。

中火
コンロの火がなべの底に、あたるかあたらないかくらいの状態です。

強火
コンロの火がなべの底にしっかりあたっている状態です。なべの底からほのおがはみでるのはきけんです。

＊電子レンジ
電子レンジは機種によってワット数がちがい、ワット数によって加熱時間が変わってきます。この本では600ワットの機種を使っています。500ワットの機種では1.2倍に、700ワットの機種では0.8倍に換算してみましょう。時間は少なめに設定し、加熱しすぎないことが大切です。

＊蒸し器
蒸し器は下の段に水を入れて、あらかじめふっとうさせ、しっかり蒸気があがってから材料を入れます。水滴が落ちないように、ふたはふきんなどで包んでおきます。もち生地などを蒸すときは、よくしぼったぬれぶきんをしいた上におきます。熱いので、なべつかみや軍手を使いましょう。

よく出てくる作業のコツ

＊卵白と卵黄の分け方
小さなボウルに卵を割り、大さじで卵黄だけをすくうと、かんたんに分けることができます。

＊粉のふるい方
空気をふくませ、だまになりにくくするためにも、粉はかならずふるってから使いましょう。大きめの紙を広げ、こし器の縁をたたくようにして、粉を落とします。

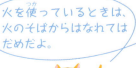

火を使っているときは、火のそばからはなれてはだめだよ。

日本のおやつ

どらやき

楽器の「どら」の上で焼かれたから、または、形が「どら」ににているからこの名がついたといわれています。
関西地方では三笠山とよばれています。

調理方法 フライパンで焼く

クッキングタイム 30分

あんこに生クリームをまぜたり、ジャムやバターをはさむのも、おすすめよ。

日本のおやつ

材料

6こ分
- 卵………1こ
- さとう………40g
- 水あめ………小さじ1
- ぬるま湯………小さじ1
- みりん………小さじ1
- 薄力粉………70g
- 重曹………小さじ1/2
- 水………大さじ2
- サラダ油………適量
- つぶあん………150g

「どら」とは、まるい金属製の打楽器で、船出のときや仏教の法要のときに使われます。

じゅんびしよう

* 水あめを小さじ1のぬるま湯でとかしておく。
* 薄力粉と重曹を合わせてふるっておく。
* あんこを6等分（25g×6）しておく。

作り方

1 ボウルに卵を入れてあわだて器でほぐし、さとうととかしておいた水あめ、みりんを加えてよくまぜる。

2 ふるった粉類を2～3回に分けて加え、さっくりとまぜる。

時間に余裕があれば、ラップをかけて常温で30分休ませよう。

3 水を少しずつ加え、生地をすくって流したとき、すーっと流れるくらいのやわらかさにする（水は全部加えなくてもよい）。

4 フライパンを中火で温め、サラダ油をうすくひく。よぶんな油をふきとり、生地を大さじですくって、ま上から一点に流しいれる。
* ホットプレートの場合は170～180度の温度で、フライパンで焼くときと同じように焼きます。

5 弱めの中火で焼く。表面にあわが出てきたらフライ返しで返す。裏はうすく焼き色がつく程度に焼いて、取りだす。かんそうしないようにぬれぶきんをかけておく。

6 同じように残りの生地を焼いて、2枚ひと組にして、あんこをはさむ。

みたらしだんご

よくこねると、しこしこと弾力のある
だんごになります。
焼いてこげめをつけると、こうばしくなります。

●調理方法●
電子レンジ・蒸し器で
蒸す

クッキング
タイム
25分

日本のおやつ

材料

5本分

- 白玉粉……… 20g
- ぬるま湯……… 160mL
- 上新粉……… 100g
- みたらしあん……… 適量

作り方

1 耐熱ボウルに白玉粉を入れ、ぬるま湯を少しずつ加え、ゴムべらでまぜる。上新粉を加えてまぜる。

2 ラップをかるくかけて、電子レンジで2分加熱して、取りだす。水でぬらしたゴムべらでよくまぜる。再びラップをかけ、電子レンジで1分30秒加熱し、取りだしてまぜる。少し食べてみて、粉がざらついていたら、さらに、20秒加熱する。

京都の下鴨神社の境内に「みたらし池」という池があります。ここから出るわき水のあわの形をヒントにしてだんごを作りました。これを「みたらしだんご」という名でおそなえしたのがはじまりといわれています。

じゅんびしよう

* 竹串を水につけておく。

3 ぬれぶきんの上に出し、粗熱をとる。なめらかになるまで、折りたたむようにして、生地をよくこねる。

4 手に水をつけながら、生地を棒状にして5等分する。さらに4等分してまるめ、竹串にさす。

5 強火で熱した焼き網にのせる。両面に焼き色をつけ、みたらしあんをつける。

竹串の持ち手の部分はこげないようにアルミホイルをまきます。熱いので軍手を使いましょう。

🌲 蒸し器で作るとき 🌲

ぬるま湯を100mLにする。
● 1でまぜた生地をひと口大にして、蒸気のあがった蒸し器にならべる。強火で15分蒸し、粗熱がとれたらひとつにまとめて3に続ける。

みたらしあんは、おなべでも電子レンジでも、かんたんに作れるよ。

煮る 8分

作ってみよう！
みたらしあん

材料

60mL分

- しょうゆ……… 大さじ1
- さとう……… 大さじ3
- かたくり粉……… 小さじ1
- みりん……… 小さじ1
- 水……… 大さじ3

作り方

すべての材料をなべに入れて、よくかきまぜる。中火で、すきとおってとろみがつくまで、かきまぜながら煮つめる。

* 電子レンジで作るときは、すべての材料を耐熱ボウルに入れ、よくかきまぜる。ラップをかけずに1分加熱し、取りだしてかきまぜ、さらに1～2分加熱して、このみのとろみにする。

おはぎ

おひがんにご先祖さまへおそなえする風習は、
江戸時代にはじまったとされます。
手作りならではの
あんこたっぷりのおはぎを作りましょう。

●調理方法●
まるめる

●クッキングタイム●
20分

日本のおやつ

材料

8こ分

- もち米………1合分
- 水………適量
- 塩………ひとつまみ
- つぶあん………400g

じゅんびしよう

* もち米をといで、炊飯器の一合のめもりに合わせて水を入れ、塩ひとつまみを加えてまぜ、たいておく。
* あんこは8等分（50g×8こ）しておく。

作り方

1 もち米がたきあがったらボウルに移し、水でぬらしたすりこぎで、かるくつく。

半分つぶれたくらいがよいです。つぶしすぎないでね。

2 1のもち米を8等分して、手に水をつけながら、まるめる。

3 てのひらにあんこをのせ、まるくのばす。まるめたもち米を中央にのせて、あんこで包む。

あんこがくっつくときは、ラップを使うといいよ。

きな粉のおはぎの作り方

①もち米をラップの上にまるくひろげ、あんこ（ひとつ約25g）を中に包んでまるめる。

②きな粉（大さじ2）とさとう（大さじ1）を合わせてバットに広げ、①を転がしてきな粉をまぶす。

教えて！ねこ先生

おはぎとぼたもちは、同じもの？

とくに春と秋のおひがんに食べられることが多いおはぎとぼたもち。同じものなのによび方がちがうのは、春、ぼたんの花がさくころに作られたものを、ぼたもちとよび、秋のはぎの花がさくころに作られたものを、おはぎとよびわけたためです。また、すりこぎでついて作るため、もちつきのようにぺったんぺったんと音をたてないので、「となり知らず」というよび方もあります。

ぼたんの花

はぎの花

うきしま

あんこと卵白をまぜて蒸した和菓子です。
しっとりとしたやさしい口あたりは、
和風のシフォンケーキのようです。

●調理方法●
蒸し器で蒸す

クッキングタイム
30分

うきしまは、漢字で「浮き島」と書きます。蒸してふくらんだようすを、水面にただよい、ういたりしずんだりする浮き島にたとえてつけられたとされます。

日本のおやつ

材料

12×14×4.5cmの流し型1台分

- 卵………2こ
- こしあん………200g
- 上新粉………大さじ1
- 薄力粉………大さじ1
- 塩………ひとつまみ
- さとう………30g
- あまなっとう………70g

じゅんびしよう

* 卵を卵黄と卵白に分け、それぞれボウルに入れる。
* 上新粉と薄力粉を合わせてふるっておく。
* あまなっとうは生地にまぜる分40gと、上にかざる分30gを分けておく。
* 型にオーブン用シートをしいておく。
* 蒸し器の用意をする。

作り方

1 卵黄の入ったボウルにこしあんを入れ、ゴムべらでよくまぜる。ふるった粉類と塩を加え、さらにまぜる。

2 卵白はあわだて器で角が立つまであわだて、メレンゲを作る。とちゅうさとうを3回に分けて加える。

3 1に、2のメレンゲを2回に分けて加える。1回目はよくまぜ、2回目はあまなっとうといっしょに加えさっくりまぜる。

4 型に生地を流しいれ、表面をゴムべらで平らにし、あまなっとうをかざる。

5 蒸気のあがった蒸し器に入れ、ふたをずらして強火で10分、ふたをして中火で10分蒸す。竹串をさして、なにもついてこなければできあがり。

6 粗熱がとれたら型から出す。オーブン用シートのまま、かんそうしないようにぬれぶきんをかぶせて冷ます。

蒸す 35分

作ってみよう！ 2色うきしま

材料

12×14×4.5cmの流し型1台分
こしあんを白のこしあんにする。
抹茶………3g
あまなっとうをくりのかんろ煮（50g）にする。ほかは、基本のうきしまと同じ。

じゅんびしよう

* ふるった粉類に塩をまぜ、半量に分け、片方にふるった抹茶を加えておく。
* くりの半量をかざり用に1×1.5cmくらいの大きさに切り、残りは生地にまぜる分として、あずき大に切っておく。
* ほかは、基本のうきしまと同じ。

作り方

①卵黄に白あんを加え、半量ずつに分け、それぞれに粉類を加え、まぜる。
②基本のうきしまと同じように卵白をあわだてメレンゲを作る。
③①のあんにそれぞれ2回に分けて②の卵白を加える。抹茶味のほうには生地にまぜる分のくりを加える。
④黄色の生地を先に型に流し、上に抹茶味の生地を流し、表面にくりをかざる。
⑤基本のうきしまと同じように蒸す。

上品な味わいよ。

生八つ橋
なまやつはし

シナモンのかおりと、
もちもちの食感がたまりません。
加熱しすぎるとかたくなるので
気をつけましょう。

●調理方法●
電子レンジ・蒸し器で
蒸す

クッキング
タイム
20分

あんこを
まるめたりはさんだり
してみよう。

日本のおやつ ● 京都府

材料

12こ分
- 白玉粉………40g
- ぬるま湯………120mL
- 上新粉………60g
- さとう………40g
- きな粉………大さじ3
- シナモンパウダー…小さじ2
- つぶあん………約85g

じゅんびしよう

* きな粉とシナモンパウダーを合わせておく。
* あんこを12等分（7g×12こ）しておく。

作り方

1 耐熱ボウルに白玉粉を入れ、ぬるま湯の半量を加え、ゴムべらでまぜる。なめらかになったら、上新粉とさとう、残りのぬるま湯を加え、よくまぜる。

2 ラップをかるくかけて、電子レンジで2分加熱する。取りだして、水でぬらしたゴムべらでよくまぜる。

3 再び電子レンジで1分30秒加熱して、取りだしてまぜる。弾力がでて、透明になるまで、20秒ずつ加熱する。

4 きな粉とシナモンパウダーを合わせたものを、台にふる。そこに粗熱がとれた生地を取り、表と裏にまぶす。めんぼうで厚さ2～3mmにのばす。

> きな粉をまんべんなく生地につけると、のばしやすいよ。

5 だいたい同じ大きさになるように12枚に切りわけ、あんこを包む。

蒸し器で作るとき
ぬるま湯を80mLにする。
● 1でまぜた生地をひと口大にして、蒸気のあがった蒸し器にならべ、弱火で15分蒸す。ぬれぶきんの上に出し、粗熱をとる。生地をひとつにまとめ、よくこね4に続ける。

ねこ先生のひとくちメモ

八つ橋は琴の形から

八つ橋の起源にはいくつかの説があります。昔、京都に八橋検校という琴の作曲の基礎を作りあげた人がいました。死後、彼をしのび、琴の形ににせた、かた焼きせんべいを作って売り出したというのがそのひとつです。その後、生の八つ橋が作られるようになりました。

かた焼きせんべいの八つ橋

べっこうあめ

●調理方法●
なべで煮とかす

クッキングタイム
20分
＋
かためる時間

さとうだけでこんなきれいなあめができます。
型を作らずに、割りばしの上に流して、
いろいろな形を作るのもいいですね。

日本のおやつ

材料
約5本分
- さとう………100g
- 水………50mL
- 水あめ………小さじ1/2
- サラダ油………適量

じゅんびしよう

* バットを裏返して、オーブン用シートか、サラダ油をぬったアルミホイルをしいておく。
* アルミホイルをおりたたんで1cmはばの帯を作る。内側にサラダ油をぬり、すきな型を作り、アルミホイルのはしを、割りばしにテープで固定する。

作り方

1 小さななべにさとうと水、水あめを入れ、中火にかける。ときどきなべを回しながらさとうをとかし、煮る。

2 大きかったあわが、ねばりけのある小さなあわになり、外側から色がついてきたら、火を止める。

予熱で色がつくので、早めに火を止めましょう。

3 あわが落ちついたら、型に流す。
* オーブン用シートと型のあいだにすきまがあるときは、はしなどでおさえてもらいましょう。高温になっているので、やけどに注意します。

あめは少し温かいうちに型からはずそう。冷えすぎると割れやすくなるよ。

オーブン用シートに、まあるく流すのもおもしろいよ。

スイートポテト

あつあつでも冷めてもおいしい、
さつまいものおやつです。
手軽にできて、大満足のおいしさです。

●調理方法●
蒸してまぜる

●クッキングタイム●
30分

日本のおやつ

材料

6こ分
- さつまいも……約250g
- さとう………30g
- バター………20g
- 卵黄………1こ分
- 生クリーム………小さじ2

じゅんびしよう

* さつまいもは皮をむき、厚さ1.5cmの輪切りにし、水を入れたボウルに入れてアクを取り、ざるにあける。
* 卵黄をときほぐす。つやだし用に、小さじ1/4をべつに取りわけ、少しの水(分量外)でといておく。

作り方

1 さつまいもは蒸気のあがった蒸し器で、竹串がとおるまで約15分蒸す。または、ぬらしたキッチンペーパーで包み、耐熱皿にならべてラップをかけ、電子レンジで4分30秒〜5分加熱し、やわらかくする。

2 さつまいもをなべに入れ、熱いうちにマッシャーでつぶす。さとうとバターを加え、弱火にかけてまぜる。

マッシャーがないときはフォークの背でつぶそう。

3 なめらかになったら、火からおろし、卵黄と生クリームを加えて、さらによくまぜる。

*なめらかさが足りなかったら、生クリームまたは牛乳(どちらも分量外)を加えて調節します。

4 6等分してまるめ、表面に、取りわけておいた卵黄をハケでぬる。

5 オーブントースターの天板にならべ、焼き色がつくまで5〜6分焼く(オーブンの場合は、220℃で6〜8分焼いて焼き色をつける)。

冷蔵庫で冷やしても、おいしいよ。

かためる30分

作ってみよう！ いもようかん

材料

12×14×4.5cmの流し型1台分
- さつまいも…約300g
- さとう…60g　塩…ひとつまみ
- 水……150mL　粉寒天……2g

じゅんびしよう

さつまいもは皮をむき、厚さ1.5cmの輪切りにし、水を入れたボウルに入れてアクを取り、ざるにあける。

作り方

① スイートポテトと同じように、さつまいもをやわらかく蒸し、なべに入れ、熱いうちにつぶす。さとうと塩を加えて、弱火にかけてねりまぜる。

② べつのなべに水と粉寒天を入れ、中火にかける。まぜながら1〜2分ふっとうさせ、寒天がとけたら、火を止める。①のさつまいもに2〜3回に分けて加え、弱火にかけながらよくまぜる。

③ 水でぬらした流し型に流す。表面を平らにし室温でかためる。

五平(ごへい)もち

くるみがたっぷり入ったおみそに
こげめをつけてこうばしくするのが、
おいしく食べるポイントです。

●調理方法●
グリルで焼く

クッキングタイム
30分

日本のおやつ

材料

6本分

- さとう………30g
- しょうゆ………大さじ1
- みそ………小さじ2
- みりん………小さじ2
- 料理酒………大さじ1
- くるみ………40g
- 白ごま………大さじ2
- 温かいご飯…茶わん3ばい分

たれは前日に作っておくと、味がなじんでおいしいよ。

作り方

1 さとうとしょうゆ、みそ、みりん、料理酒をなべに入れ、とかしながら煮る。

2 くるみをすりばちでする。細かくなったらいったん取りだして、ごまをする。ごまがすれたらくるみをもどし、1を加えてよくまぜる。

3 温かいご飯を、水でぬらしたすりこぎでかるくつぶし、6等分する。

ご飯は半分つぶれたくらいがよいです。

4 割りばしにご飯をにぎりつける。皿にならべて、10分ほどかわかす。

手をぬらすか、ラップを使うとにぎりやすいです。

5 4の両面を魚焼きグリルで1〜2分ずつ焼いたら、片側に2のたれをぬり、少しこげめがつくまで焼く。

教えて！ねこ先生

どうして五平もちっていうの？

五平もちはおもに、岐阜県、愛知県、長野県などの中部地方の山間部で食べられています。山の神さまをおまつりする行事におそなえしたのが起源だという説があり、そのときに使われる御幣の形ににているところから、「五平もち」とよばれるようになったとか。地域や家庭ごとに、味も形もいろいろあります。

それはね…

御幣

世界のおやつ

マドレーヌ

フランスでは、子どもが
最初に作るお菓子は
マドレーヌだといわれます。
卵、さとう、薄力粉を
同じ分量にするのがポイントです。

●調理方法●
オーブンで焼く

クッキングタイム
30分

レモンの皮は、農薬や防カビ剤を使用していない国産のものを使いましょう。

世界のおやつ フランス

材料

直径7cmの型6こ分

- 卵………1こ
- さとう………50g
- はちみつ………大さじ1
- 薄力粉………50g
- ベーキングパウダー
  ………小さじ1/2
- レモン汁………大さじ1
- レモンの皮（無農薬のもの）
  ………1/4こ分
- バター………50g

じゅんびしよう

* 薄力粉とベーキングパウダーを合わせてふるっておく。
* レモンの皮をすりおろす。竹串を使うとおろし金から取りやすい。
* バターを湯せんにかけてとかしておく。
* 型にとかしバター（分量外）をぬり、薄力粉（分量外）を茶こしでふるいかけて、冷蔵庫に入れておく。
* オーブンを180度に温めておく。

作り方

1 ボウルに卵を入れ、あわだて器でほぐす。さとうとはちみつを加えて、よくまぜる。

2 ふるった粉類を加え、ゆっくりていねいにまぜる。

3 レモン汁、レモンの皮のすりおろしを加え、さらにまぜる。

4 とかしたバターを少しずつ加え、つやがでてマヨネーズのようになるまで、あわだて器でよくまぜる。

時間に余裕があれば、ラップをかけて冷蔵庫で15分休ませよう。

5 生地を型の8分目まで入れ、180度のオーブンで15分焼く。

ねこ先生のひとくちメモ

マドレーヌの名前の由来

マドレーヌが作られたいきさつには、いくつか説があります。ひとつは北フランスのロレーヌ地方コメルシーに住む地位の高い人が、おかかえ料理人のマドレーヌに、いつものお菓子の生地から、ちがうお菓子を作るよう命じてできたものが大変おいしかったので、彼女の名前をつけたという説。もうひとつは、ロレーヌ地方を治めていた人が宴会を開いたとき、菓子職人が料理人とけんかをして出ていってしまい、かわりに調理場で働いていたマドレーヌが作ったお菓子がとてもおいしかったので、彼女の名前をつけたとする説です。本来のマドレーヌは貝がらの形をしています。

パッリーナ

イタリアのシチリア地方のお菓子です。
アーモンドパウダーをまるめるだけで、
こんなおしゃれなお菓子が作れます。

●調理方法●
まるめる

●クッキングタイム●
20分

世界のおやつ イタリア

材料

各6こ分

[ココア風味]
アーモンドパウダー……30g
粉ざとう………20g
ココアパウダー…小さじ1/2
水………小さじ1/2〜1

[オレンジ風味]
アーモンドパウダー……30g
粉ざとう………20g
オレンジジュース（果汁100%）
………小さじ1

グラニュー糖………適量

まるめるだけでかんたんにできるよ。

アーモンドパウダー
無塩のアーモンドを粉末に加工したものです。ケーキに加えるとコクのある生地にしあがります。アーモンドプードルともよばれます。

作り方

1. それぞれ粉類をよくまぜる。ココア風味には水を、オレンジ風味にはオレンジジュースを加えてまぜる。

2. 生地を指でよくこねて、ひとまとめにし、棒状にのばす。

3. 6等分してまるめる。

4. バットにグラニュー糖を広げ、転がしながらまぶす。

ねこ先生のひとくちメモ

シチリアのアーモンドで作るフルーツ

シチリアはアーモンドの産地として有名です。そのためアーモンドを使ったお菓子がたくさん作られています。アーモンドの粉で作る、本物そっくりのお菓子、フルッタ ディ マルトラーナは代表的なもののひとつ。アーモンドの粉と高温のシロップをねりあげ、フルーツをかたどった型でかため、何日もかけて色づけするというものです。マルトラーナ修道院の修道女たちがはじめに作ったため、この名前がついています。

ポテトチップスと野菜チップス

あげたては、格別のおいしさです。
あげすぎると、こげてにがくなるので
カラッとなったら、早めにひきあげましょう。

●調理方法●
油であげる

●クッキングタイム●
30分

世界のおやつ アメリカ

材料

3カップ分

- じゃがいも………1こ
- れんこん………75gくらい
- かぼちゃ………110gくらい
- あげ油（サラダ油など）………適量
- 塩………適量

じゅんびしよう

* 野菜を厚さ2mmに切り、かぼちゃ以外は、水につけてアクを取る。
* 野菜をざるに広げ、日影に30〜60分おいて、水分をとばしておく。

あげたてがぱりぱりしておいしい。

注意 あげものをするときは、お家の人といっしょにしましょう。

作り方

1 あげ油を160〜170度に熱して、野菜を一種類ずつ入れて、2〜3分あげる。

＊うすく色がついてきたらさいばしでさわってみます。かたくなっていたら、180度にして数秒あげます。きつね色になるまであげると、にがくなります。

あわが小さくなるのもひきあげるサインだよ。

2 じゃがいもとれんこんは、熱いうちに塩をまぶす。

時間がたつとしんなりしてしまうので、すぐ食べよう。湿度の低い日に作るといいよ。

教えて！ねこ先生

ポテトチップス誕生は、お客さまの苦情から？

ニューヨークのとあるレストランで、フライドポテトの切り方が厚すぎると、お客さまから苦情がでました。くやしく思ったコック長は、次にそのお客さまが来たとき、これ以上うすく切れないというほどうすく切り、あげて出したところ、このポテトがとても気に入られ、あちこちのお店に広まったとのことです。

スィールニキ

カッテージチーズ入りのパンケーキです。
フライパンひとつでできるので、
ロシアではおやつのほか、
朝食(ちょうしょく)にもよく作られています。

●調理方法●
フライパンで
焼く

●クッキングタイム●
20分

世界のおやつ ロシア

材料

4枚分
- 卵（全卵をときほぐして）……1/2こ分
- さとう………20g
- カッテージチーズ……100g
- 薄力粉………大さじ2
- ベーキングパウダー………小さじ1/4
- バター………大さじ1
- すきなジャム………適量

生地にほしぶどうやくるみ、きざんだりんごをまぜて焼いてもおいしいよ。

じゅんびしよう

＊薄力粉とベーキングパウダーを合わせてふるっておく。

作り方

1 ボウルに卵とさとうを入れて、あわだて器でまぜる。カッテージチーズも加えて、ゴムべらで、なめらかになるまでよくまぜる。

2 ふるった粉類を入れ、粉っぽさがなくなるまでさっくりとまぜる。

3 フライパンにバターを熱し、生地を1/4量ずつすくってまるく流す。厚みができるように木べらなどで形を整え、弱めの中火で片面3〜4分ずつ両面焼く。

＊2枚ずつ焼くときは、バターは半分ずつ入れます。焼きすぎるとぼそぼそになるので、注意しましょう。

教えて！ねこ先生

ロシアのお菓子ってほかにどんなものがあるの？

ロシアに古くから伝わりよく食べられているお菓子には、スィールニキのほかにプリャーニキがあります。小麦粉にシナモンやナツメグ、オレンジの皮などの香辛料と、はちみつをねりこんで焼いたものです。表面に文字や絵などが型押しされたものや、さとうをコーティングしたものなどバリエーションもさまざま。クリスマスや復活祭、誕生日などのおめでたいときにも、このプリャーニキを作ってお祝いします。

それはね…

プリャーニキ

カルターフント

ナイフを温めて切ると、きれいに切れるよ。

カルターは「冷たい」、フントとは「犬」の意味です。
オーブンを使わなくても作れるので、
「間借り人のケーキ」ともよばれているそうです。

●調理方法●
**とかして
かためる**

クッキング
タイム
30分
+冷やしかためる時間

世界のおやつ　ドイツ

材料

500mLの牛乳パック1こ分

- 生クリーム………100mL
- さとう………小さじ2
- チョコレート………200g
- ビスケット………8枚
- 牛乳………適量

じゅんびしよう

* 500mLの牛乳パックで型を作る（牛乳パックを横にして上部を切りとり、あいている口を折りたたんでホッチキスで止める）。
* チョコレートをきざんでおく。
* 湯せん用のお湯を用意する。
* ボウルに氷水を用意する。
* ビスケットをまんべんなく牛乳にひたして、キッチンペーパーでかるくふきとる。

作り方

1 なべに生クリームとさとうを入れる。中火にかけ、あわだて器でかきまぜ、さとうをとかす。

2 1のなべを火からおろし、チョコレートを少しずつ加え、湯せんにかけながら、チョコレートをとかす。

> おなべに水が入らないように注意してね。

3 2を、氷水を入れたボウルにつけ、ゴムべらでまぜながら、もったりするくらいのかたさまで冷ます。

＊下の方だけかたまってしまうので、ときどき氷水のボウルをはずしてまぜます。型に入れるときに水が入らないように、最後はなべの底をよくふいておきます。

4 牛乳パックの底に、チョコレートを高さ4〜5mmになるように、ゴムべらで入れる。

5 チョコレート液の上に、ビスケットを2枚ならべる。

6 さらにチョコレート液を入れ、ゴムべらで表面を平らにする。

7 5、6をくりかえし、最後にチョコレート液でおおう。ラップをかけ、冷蔵庫に3〜4時間入れて、チョコレートをかためる。

8 チョコレートがかたまったら、牛乳パックを切りひらき、厚さ1cmに切る。

パステイスデナタ

カスタードクリームのパイです。
ポルトガルの修道院で作られたのが
はじまりで、今も伝統的な作り方が
受けつがれています。

● 調理方法 ●
オーブンで焼く

クッキングタイム
30分

世界のおやつ ポルトガル

材料

直径7cmの型6こ分

- 牛乳………… 50mL
- さとう………… 30g
- コーンスターチ…… 小さじ1
- 生クリーム………… 50mL
- 卵黄………… 1こ分
- 冷凍パイシート（市販）
  …………1枚
- 強力粉（打ち粉用　なければ薄力粉でよい）…………適量
- シナモンパウダー
  …………小さじ1/2
- 粉ざとう………… 小さじ1/2

ポルトガル領だった香港やマカオへ、さらに日本にも「エッグタルト」という名前で伝わったよ。
ポルトガルからは、いろいろな南蛮菓子が、伝えられたよ。

じゅんびしよう

* 冷凍パイシートを室温において、半解凍する。
* オーブンを230度に温めておく。

作り方

1 なべに牛乳とさとう、コーンスターチ、生クリームを入れる。木べらでまぜながら、弱めの中火でもったりするまで加熱する。火を止め、卵黄を加えてさらにまぜ、人肌に冷ます。

2 打ち粉をふった台にパイシートをおいて、めんぼうで厚さ2mmにのばす。型よりひと回り大きな抜き型（コップなど）でぬいて、型にのせる。生地を指でかるくおさえながら、型に入れる。

3 型を天板にならべ、1のクリームを7分目くらいまで入れる。

4 230度のオーブンで12〜14分焼く。パイ生地がきつね色になり、クリームにこげめがついたら、焼きあがり。

5 冷めたら型からはずす。食べるときにシナモンパウダーと粉ざとうを合わせ、茶こしでふるいかける。

世界のおやつ ポルトガル

教えて！ねこ先生
それはね…

南蛮菓子ってなあに？

安土桃山〜江戸時代の初期のころに、
宣教師や貿易商人によって、鉄砲やキリスト教をはじめ、ヨーロッパの文化が入ってきました。
なかでもポルトガル人やスペイン人によって伝えられたお菓子を、南蛮菓子といいます。
その後江戸幕府が鎖国政策（外国との交流を禁止すること）をとったため、
南蛮菓子としての伝統を受けつぎながらも、日本独自の作り方で各地に伝わりました。
日本のお菓子としてよく知られているもののなかには、
じつはポルトガルから伝えられたというものが、たくさんあります。

カステラ

ポルトガルの「パン デ ロー」というケーキがカステラの原形だといわれています。明治時代以降にしっとりした食感のものが作られるようになりました。

> ポルトガルのものは、日本のものよりとがってないよ。

こんぺいとう

織田信長におくられたのが、日本初のこんぺいとうといわれます。ポルトガル語の「コンフェイト（さとう菓子）」が語源とされます。とがった角は日本独特のものです。

ボーロ

ポルトガル語でボーロとはまるいケーキの総称です。日本ではまるぼうろやそばぼうろなど、形も名前もいろいろなものが作られています。

> 卵黄を使うのがポルトガルのお菓子の特長だよ。

鶏卵そうめん

ポルトガルでは、卵の糸という意味の「フィオス デ オヴォス」とよばれ、ケーキのかざりなどによく使われています。日本では福岡県の銘菓として有名です。

世界のおやつ スペイン

アロスコンレチェ

あまく煮たお米の味は、想像しにくいですが、食べてみると、ちょっとクセになるおいしさです。

●調理方法●
なべで煮る

クッキングタイム
30分
＋冷やす時間

材料

器2つ分
- 牛乳………400mL
- レモンの皮（無農薬のもの）………2切れ
- シナモンスティック…1/2本
- 米………40g
- さとう………40g
- シナモンパウダー………少々

作り方

1 なべに牛乳とレモンの皮、シナモンスティックを入れ、中火で温める。

2 米を加え、木べらでかきまぜる。5分すぎたらレモンの皮とシナモンスティックを取りだし、弱火でかきまぜながら、さらに20分煮る。

3 さとうを加えてよくかきまぜ、1〜2分煮て、火を止める。

4 器にもり、粗熱がとれたら冷蔵庫で冷やす。このみでシナモンパウダーをふる。

チャレンジ 本格おやつ

耳たぶよりも少しかたい
くらいの生地にすると
あつかいやすいです。

うさぎまんじゅう

やまいもを使ってふくらませるおまんじゅうを
じょうよまんじゅうといいます。
まっ白で、しっとりとやさしい味わいです。

●調理方法
蒸し器で蒸す

クッキングタイム **35分**

本格おやつ 日本

材料

8こ分

やまいも（やまといもなど）
　………50g
さとう………50g
上新粉………50g
こしあん………200g
上新粉（打ち粉用）……適量

作り方

じゅんびしよう

* あんこを8等分（25g×8こ）して、まるめておく。
* 蒸し器の用意をする。
* きりふきの用意をする。

1 やまいもはスプーンで皮をこそげ取って、すりおろす（正味40g）。

2 やまいもをボウルに入れ、さとうを加えてよくまぜあわせる。

3 べつのボウルに上新粉を入れ、2の生地を入れる。折りたたむようにして、上新粉となじませる。

耳たぶより少しかたいくらいのかたさにします。

4 生地を8等分してまるくのばし、あんこをおく。生地を上によせるようにのばし、包む。

生地がくっつくときは、上新粉を打ち粉として使います。

5 蒸し器の上段にならべ、きりふきで水分をかける。蒸気のあがった蒸し器にセットし、強火で10分蒸す。

6 粗熱がとれたら、火であぶった金串で、うさぎの耳と目を焼きつける。

金串は熱くなっているので、やけどに注意しましょう。

ねこ先生のひとくちメモ

まんじゅうの歴史

まんじゅうのふるさとは中国です。中国の僧が伝えたという説や、禅宗を学ぶために中国に留学した日本人の僧が伝えたという説があります。中国から伝わった作り方では、小麦粉に甘酒を加えて発酵させてふくらませます。今でも「酒まんじゅう」として各地で作られています。その後、発酵させずにやまいもをすりおろして作る「じょうよまんじゅう」が生まれました。小麦粉よりも米粉やそば粉が用いられます。明治以降は小麦粉に重曹を加えてふくらませることで、家庭でも手軽にまんじゅうが作れるようになりました。

おやき

麦などの畑作がさかんな山間地ならではのおやつで、昔はいろりの灰で、蒸し焼きにしていたそうです。

●調理方法●
フライパンで蒸し焼き

●クッキングタイム●
40分

本格おやつ 長野県

材料

6こ分
中力粉（薄力粉1/2＋強力粉1/2でもよい）………150g
さとう………小さじ1
牛乳…90mL
強力粉（打ち粉用　なければ薄力粉でよい）………適量
中につめる具（いため物や煮物、あんこなど）………適量
サラダ油………適量

作り方

1. ボウルにふるった中力粉を入れて、さとうと牛乳を加えて、はしで回すようにまぜる。ひとつにまとまったら、手でしっかりこねる。

わたしは あんこを 包んでみよう。

じゅんびしよう

＊中力粉をふるっておく。

2. ボウルにラップをかけて、常温で15〜20分休ませる。

休ませると生地がなじんで、包みやすくなるよ。

3. 打ち粉をふった台に取り、生地を6等分し、まるくのばす。中央に具をのせ、生地をひきあげて、ひだを作り、まるめる。

まるくのばすときは、中央を厚めに、外側をうすくのばすのがポイントだよ。

4. フライパンにサラダ油を熱し、3をならべる。中火で焼き、両面に焼き色をつける。

5. 焼き色がついたら、おやきの半分の高さまで水を入れ、ふたをして水分がなくなるまで蒸し焼きにする。

なすのみそいための作り方

なす…2本　サラダ油…適量
さとう…小さじ1　みそ…大さじ1/2
うめぼし（細かくする）…1こ分
料理酒…小さじ1
（なすとサラダ油以外の材料を合わせておく）

①なすはたて4等分に切って、うすく切る。水にさらしてアクを取り、ざるにあけ水気をふきとる。
②フライパンにサラダ油を熱して、なすを入れ、しんなりするまで中火でいためる。合わせておいた材料を加えてよくまぜ、冷ます。

いろいろな具を包んでみてね。

きりぼし大根の煮物　ひじきの煮物
豆カレー　ポテトサラダ

がんづき

黒ごまが、満月の夜に飛ぶがんの群れに見えるところから、がんづきとよばれるようになったとか。ふくらませるために、酢を入れますが、すっぱくなりません。

●調理方法●
蒸し器で蒸す

クッキングタイム
40分

本格おやつ 東北地方

材料

18cmの裏ごし器ひとつ分

- 卵………1こ
- 黒ざとう（粉末）……130g
- みそ………小さじ1
- サラダ油………小さじ1
- 牛乳………100mL
- 薄力粉………150g
- 重曹………大さじ1/3
- 酢………大さじ2と1/2
- 黒ごま………小さじ1

九州にも黒ざとうと重曹と酢で作る蒸し菓子があり、「ふくれ菓子」とよばれています。

じゅんびしよう

* 薄力粉と重曹を合わせてふるっておく。
* 裏ごし器に、まるく切って切りこみを入れた、オーブン用シートをしいておく。
* 蒸し器の用意をする。

作り方

1. ボウルに割りほぐした卵と、黒ざとうを入れて、あわだて器ですりまぜる。さらにみそとサラダ油、牛乳を加え、よくまぜる。

2. 1のボウルに、ふるった粉類を2回に分けて加え、あわだて器でよくまぜる。

まわりの粉をくずすようにゆっくりまぜると、ダマになりません。

3. 酢を少しずつ加え、ゆっくりまぜる。

酢と重曹が反応して、ふんわりします。

4. 生地を裏ごし器に流しいれ、黒ごまをふりかける。蒸気のあがった蒸し器に入れ、強火で25分蒸す。竹串をさして、なにもついてこなければ、蒸し器から取りだし、冷ます。

生地をつけて、オーブン用シートを止めるといいよ。

半分に切って、あんこをはさんでもおいしいよ。

ブラウニー

順番にまぜていけば、失敗なくしあがります。
クッキーよりやわらかく、スポンジケーキよりしっとりした手軽に食べられるケーキです。

調理方法
オーブンで焼く

クッキングタイム
35分

本格おやつ アメリカ

材料

22×8cmの流し型1台分

- チョコレート………50g
- バター………50g
- 卵………1こ
- さとう………30g
- 牛乳………大さじ1
- 薄力粉………40g
- ココアパウダー………20g
- ベーキングパウダー………小さじ1/4
- くるみ………50g

じゅんびしよう

* チョコレートをきざんでおく。
* 湯せん用のお湯を用意する。
* 薄力粉とココアパウダー、ベーキングパウダーを合わせてふるっておく。
* くるみをフライパンでからいりし、1cmくらいの大きさに手で割っておく。
* 型にオーブン用シートをしいておく。
* オーブンを170度に温めておく。

> シカゴ万国博覧会のときに、手でつまんで食べられるケーキとして作られたものだよ。

作り方

1 ボウルにチョコレートとバターを入れ、湯せんにかけ、ゴムべらでまぜながらとかす。

2 べつのボウルに、割りほぐした卵とさとうを入れ、あわだて器ですりまぜ、牛乳を加えてまぜる。

3 1を少しずつ加え、かるくまぜる。

4 ふるった粉類を2〜3回に分けて加え、底から生地をすくうようにして、ボウルを回しながらまぜる。

> 生地をねらないことがポイントだよ。

5 くるみを加え、さっとまぜ、型に流しいれる。表面を平らにして、170度のオーブンで18〜20分焼く。竹串をさして、なにもついてこなければ焼きあがり。型のまま冷ます。

> 焼きすぎないほうがおいしいよ。

43

セルニック

ほんのり酸味のある、ポーランドのチーズケーキです。
ベイクド（焼き）チーズケーキの
元祖だといわれています。

調理方法
オーブンで焼く

クッキングタイム
50分

本格おやつ ポーランド

材料

21cm×11cmの焼き型1台分

[ビスケット生地]
ビスケット………40〜45g
バター………20g
ココアパウダー……小さじ1
牛乳………小さじ1
レーズン………大さじ1

[チーズ生地]
カッテージチーズ……200g
卵………1こ
生クリーム………100mL
さとうⒶ………40g
レモン汁………大さじ1
薄力粉………20g
さとうⒷ………20g

じゅんびしよう

* バターを室温におく。
* カッテージチーズを作る（46ページに出ています）。
* 卵を卵黄と卵白に分けておく。
* 薄力粉をふるっておく。
* 型にオーブン用シートをしいておく。
* オーブンを170度に温めておく。

作った当日より、2日め3日めがおいしいよ。

作り方

1 [ビスケット生地を作る]
厚手のビニール袋にビスケットを入れ、めんぼうなどで細かくくだく。バターとココアパウダー、牛乳を加え、手でもみながら、くだいたビスケットとなじませる。

2 1を型にしきつめて平らにする。レーズンをのせて冷蔵庫で、冷やしておく。

3 [チーズ生地を作る]
ボウルにカッテージチーズを入れ、あわだて器でまぜ、なめらかにする。卵黄と生クリーム、さとうⒶ、レモン汁を加えてさらにまぜる。

4 ふるった薄力粉を加え、粉っぽさがなくなるまでまぜる。

5 べつのボウルに卵白を入れ、7分立てくらいにあわだてて、メレンゲを作る。とちゅうさとうⒷを3回に分けて加える。

6 4の生地に、5のメレンゲを半量ずつ加える。あわをつぶさないように、生地とメレンゲをよくまぜる。

7 2の型に生地を流しいれる。170度のオーブンで35〜40分焼く。

* 天板にお湯をはって、50〜60分蒸し焼きにすると、ふんわりした焼きあがりになり、ちがった味わいが楽しめます。底がぬけるタイプの型を使うときは、お湯がしみこまないように、アルミホイルで包みます。とちゅう、天板のお湯がなくなったら足します。

8 型ごと網の上で冷まし、粗熱がとれたら型から出し、冷蔵庫で冷やす。

本格おやつ ポーランド

カッテージチーズを手作りしよう

＊手作りカッテージチーズ＊

プレーンヨーグルト1パック（450g）でだいたい200gのカッテージチーズが作れます。

高さのある容器に、ざる、ふきんを重ねて、プレーンヨーグルトを入れる。
冷蔵庫で6〜7時間水切りをする（水分が外に落ちないように、ふきんはヨーグルトにかぶせておくとよい）。
ざるに残ったものがカッテージチーズです。

ヨーグルトから出た水分は、ホエー（乳清）とよばれるもので、ミネラルなどの栄養がたっぷり入っています。飲みものに利用しましょう。

教えて！ねこ先生

それはね…

ポーランドがチーズケーキのはじまり？

ベイクドチーズケーキは、ポーランドのポドハレ地方で作られたものが起源とされています。数世紀のちに、この地方の人びとがアメリカに移住したことで、アメリカ大陸に広く伝わりました。セルニックは、ポーランドでは赤牛の乳からできる酸味のあるトゥファルクというチーズを使うため、レモンの酸味は加えずに作られます。
ポーランドにはほかに、バラのジャムが入った、ポンチキというドーナツや、バームクーヘンの原点とされるセンカチュといった、おもしろい形のお菓子があります。

ポンチキ

センカチュ

ホエードリンク

材料

グラス2つ分

ホエー………100mL
バナナ………1本
牛乳………50mL
オレンジジュース（果汁100%）………100mL

作り方

全部の材料をミキサーにかける。

30分でできる伝統おやつ ―春・夏・秋・冬― さくいん

色の文字がこの巻に紹介されているおやつです。

あ

- アイシングクッキー………冬のおやつ 22
- アルファフォーレス………夏のおやつ 44
- アロスコンレチェ………秋のおやつ 35
- あんにんどうふ………夏のおやつ 32
- いきなりだんご………冬のおやつ 9
- いちご大福………春のおやつ 6
- いちごババロア………春のおやつ 26
- いもようかん………秋のおやつ 19
- うきしま………秋のおやつ 12
- うぐいすもち………春のおやつ 8
- うさぎまんじゅう………秋のおやつ 36
- 鬼まんじゅう………冬のおやつ 8
- おはぎ………秋のおやつ 10
- オムアリ………冬のおやつ 28
- おやき………秋のおやつ 38

か

- かしわもち………春のおやつ 16
- カスタードクリーム………春のおやつ 35
- カスタードプリン………春のおやつ 41
- カラフル白玉だんご………夏のおやつ 7
- かるかん………冬のおやつ 18
- カルターフント………秋のおやつ 30
- 関西風さくらもち………春のおやつ 13
- がんづき………秋のおやつ 40
- 関東風さくらもち………春のおやつ 14
- きな粉クッキー………冬のおやつ 23
- ギモーヴ………夏のおやつ 36
- きんぎょくかん………夏のおやつ 42
- くず切り………夏のおやつ 10
- グミ………夏のおやつ 28
- クラッシュゼリー………夏のおやつ 22
- くるみゆべし………冬のおやつ 12
- 黒みつ………夏のおやつ 11
- 紅白すあま………冬のおやつ 10
- コーヒーゼリー………夏のおやつ 23
- 五平もち………秋のおやつ 20

さ

- サーターアンダギー………春のおやつ 37
- さくらもち………春のおやつ 12
- 三月菓子（サングァチグァーシ）………春のおやつ 36
- ジェラート………夏のおやつ 20
- シュークリーム………春のおやつ 32
- 白玉だんご………夏のおやつ 6
- しんこ細工人形………冬のおやつ 6
- スイートポテト………秋のおやつ 18
- スィールニキ………秋のおやつ 28
- スコーン………春のおやつ 28
- すはま………春のおやつ 10
- スポンジケーキ………冬のおやつ 34
- セルニック………秋のおやつ 44
- そばぼうろ………春のおやつ 19

た

- たまごぼうろ………春のおやつ 18
- チェー………春のおやつ 24
- チヂミ………冬のおやつ 30
- チョコチップクッキー………冬のおやつ 23
- チョコレートガナッシュ………春のおやつ 44
- ちんびんとぽーぽー………春のおやつ 20
- つぶあん………春のおやつ 46
- 手作りカッテージチーズ………秋のおやつ 46
- でっちようかん………冬のおやつ 14
- 動物クッキー………冬のおやつ 20
- トマトスムージー………夏のおやつ 35
- トライフル………夏のおやつ 30
- どらやき………秋のおやつ 6
- トリュフ………冬のおやつ 36

な

- 生キャラメル………冬のおやつ 16
- 生八つ橋………秋のおやつ 14
- 2色うきしま………秋のおやつ 13

は

- パステイスデナタ………秋のおやつ 32
- パッリーナ………秋のおやつ 24
- パブロバ………冬のおやつ 44
- パラチンキ………春のおやつ 22
- パレタ………夏のおやつ 24
- ハロハロ………夏のおやつ 26
- ビーバーテイル………冬のおやつ 40
- ブッシュドノエル………冬のおやつ 24
- ブラウニー………秋のおやつ 42
- フルーツあめ………夏のおやつ 16
- フルーツ大福………春のおやつ 7
- フルーツわらび………夏のおやつ 13
- べっこうあめ………秋のおやつ 16
- ホエードリンク………秋のおやつ 46
- ぽっぽ焼き………夏のおやつ 14
- ポテトチップスと野菜チップス………秋のおやつ 23
- ポルボロン………冬のおやつ 42
- ポンデケージョ………春のおやつ 30

ま

- マカロン………春のおやつ 42
- マドレーヌ………秋のおやつ 22
- まるごとアップルパイ………冬のおやつ 38
- マンゴーラッシー………夏のおやつ 34
- 水ようかん………夏のおやつ 8
- みたらしあん………秋のおやつ 9
- みたらしだんご………秋のおやつ 8
- 水無月………夏のおやつ 40
- ミニピザ………冬のおやつ 41
- ミルクジャム………夏のおやつ 46
- もぐらのケーキ………冬のおやつ 32
- もぐらのマジパン………冬のおやつ 35

や

- やしょうま………春のおやつ 38
- ヨウルトルットゥ………冬のおやつ 26
- ヨーグルトカスタードクリーム………夏のおやつ 31

ら

- ラムネ………夏のおやつ 18
- レアチーズケーキ………夏のおやつ 38
- レチェフラン………春のおやつ 40

わ

- わらびもち………夏のおやつ 12

伝統おやつ研究クラブ

昔からよく見かけるおやつや、その土地で作られてきたおやつを、自分でかんたんに作れたらいいな。そんな思いから始めた、中山三恵子と森谷由美子が主宰する手作りおやつの研究クラブです。世界の伝統的なおやつも、意外とかんたんに作ることができます。保存料なども入っていないのでなにより安心。さらに、そんなおやつにまつわるお話をちょっと知っていると、もっと楽しくなってきます。自分で作るよろこびや楽しさ、手作りのやさしい味を体感してもらうと共に、世界各地の食文化を知るきっかけになれば、という思いで本書を作りました。
地域のイベントやギャラリーでのケイタリング、また書籍や雑誌などで、楽しいおやつ作り、かんたん料理を提案しています。手がけた本に『はじめての料理 簡単クッキング』（日本標準）「ゆかいなアンパンマン」シリーズ おやつコーナー（フレーベル館）、共著に『20時からの家呑みレシピ』（主婦と生活社）など。

スタッフ

撮影●川しまゆうこ
コラムイラスト●竹永絵里
キャラクターイラスト●中山三恵子
スタイリング●川しまゆうこ・森谷由美子
DTP●里村万寿夫
校正●松本明子
企画構成・デザイン＆編集●ペグハウス

製菓材料提供／cuoca（クオカ）http://www.cuoca.com/ tel.0120-863-639
撮影協力／ドゥミレーヴ・長郷久美子・森永よし子・八木亜砂子

＊おすすめ図書＊
今田美奈子『ヨーロッパ お菓子物語』2012 朝日学生新聞社
今田美奈子『お姫さま お菓子物語』2013 朝日学生新聞社
坂木司『和菓子のアン』2012 光文社
俵屋吉富／ギルドハウス京菓子 京菓子資料館 監修
　　　　　　『和菓子の絵事典』2008 PHP研究所
平野恵理子『和菓子の絵本 和菓子っておいしい！』2010 あすなろ書房

＊おもな参考文献＊
大森由紀子『物語のあるフランス菓子』2008 日本放送出版協会
大森由紀子『フランス菓子図鑑 お菓子の名前と由来』2013 世界文化社
岡田哲『たべもの起源事典』2003 東京堂出版
小西千鶴『知っておきたい 和菓子のはなし』2004 旭屋出版
長野県農村文化協会 編『信州ながの 食の風土記』2013 農文協
中山圭子『事典 和菓子の世界』2006 岩波書店
猫井登『お菓子の由来物語』2008 幻冬舎ルネッサンス
吉田菊次郎『お菓子の世界・世界のお菓子』2008 時事通信社
若菜晃子『地元菓子』2013 新潮社

30分でできる伝統おやつ　秋のおやつ

2016年 7月1刷　2019年 10月2刷

著　者／伝統おやつ研究クラブ
発行者／今村正樹
発行所／株式会社偕成社
　　　　162-8450　東京都新宿区市谷砂土原町 3-5
　　　　電話 03-3260-3221（販売）03-3260-3229（編集）
　　　　http://www.kaiseisha.co.jp/
印刷所／大日本印刷株式会社
製本所／株式会社難波製本

©NAKAYAMA Mieko, MORIYA Yumiko 2016
27cm 47p. NDC596 ISBN978-4-03-525830-8
Published by KAISEI-SHA, printed in Japan

本のご注文は電話・ファックスまたはEメールでお受けしています。
Tel : 03-3260-3221　Fax : 03-3260-3222
e-mail : sales@kaiseisha.co.jp